Halloween 2016 Black and White Photographs

Photographed
and
Published
by

Ian McKenzie

ISBN-13: 978-1539867944
ISBN-10: 1539867943

Copyright 2016 Ian McKenzie
www.iansbooks.com
www.passionateaboutphotography.net

Page 1

Page 2

Page 3

Page 4

Page 5

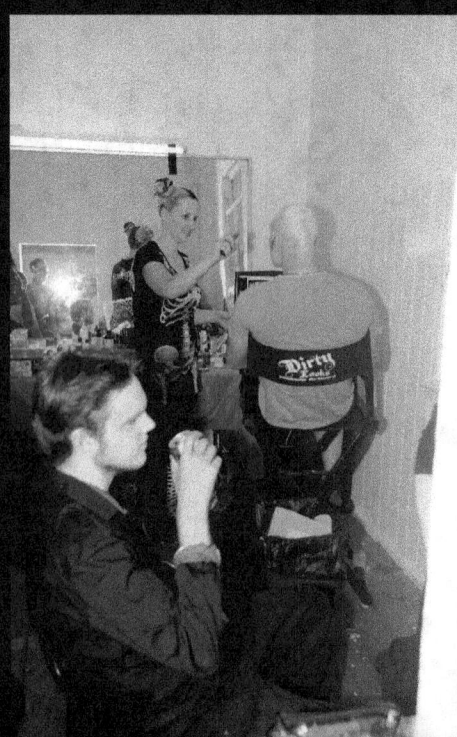

Page 6

Page 7

Page 9

Page 12

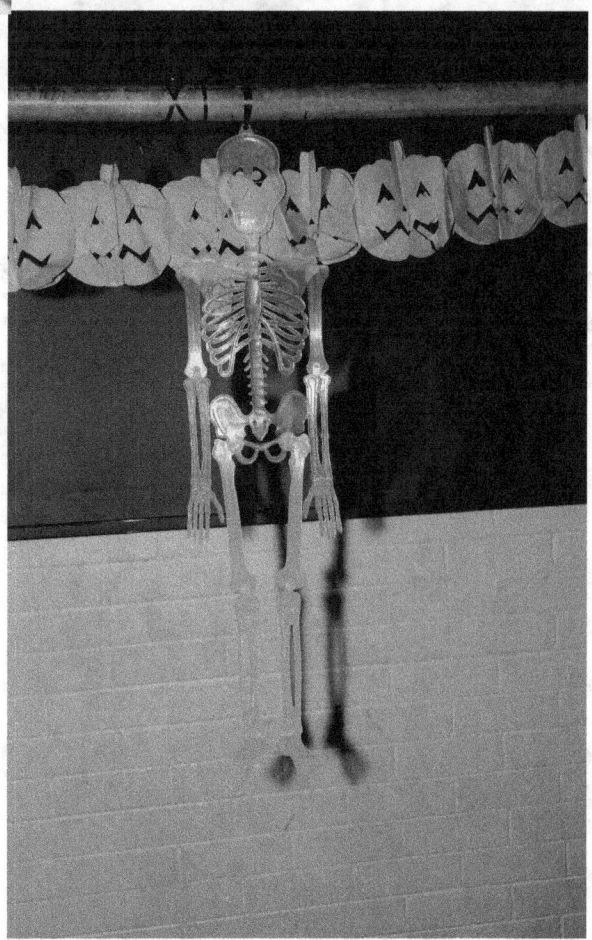

page 13

Page 16

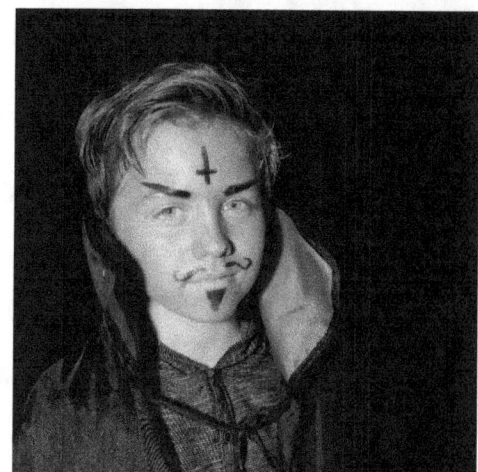

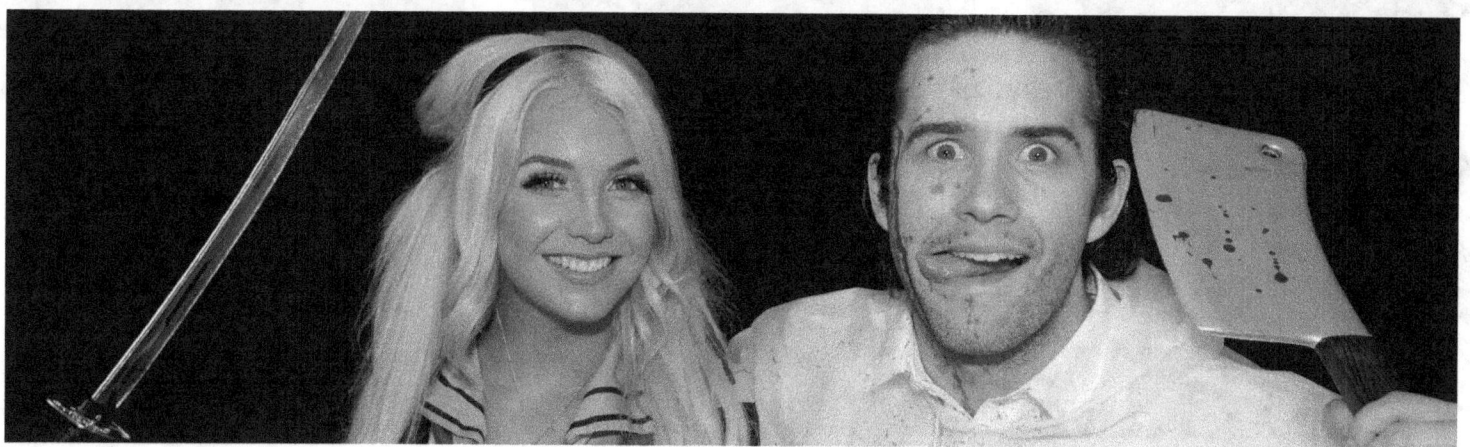

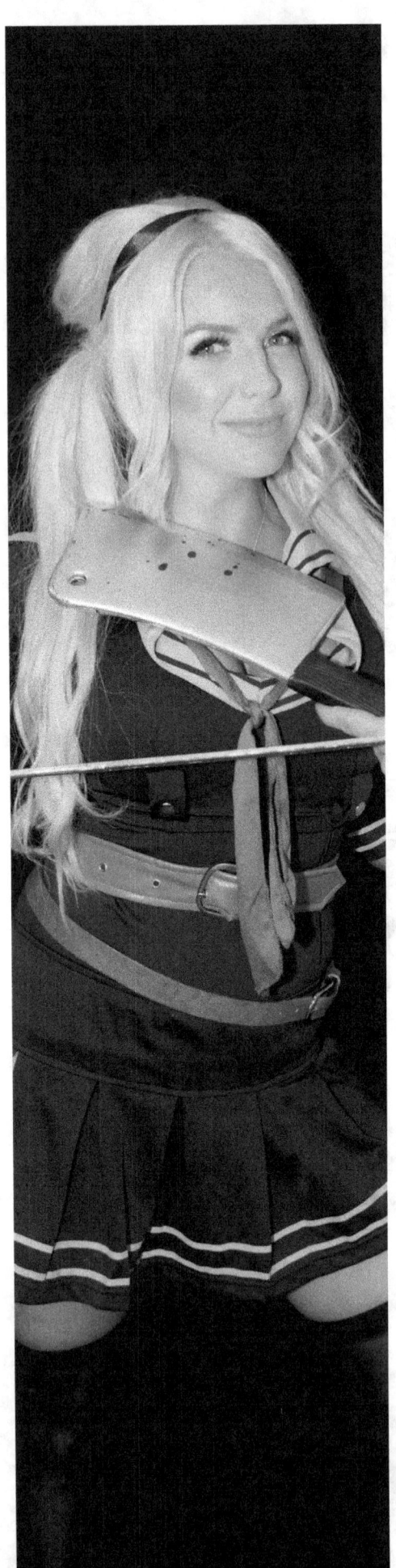

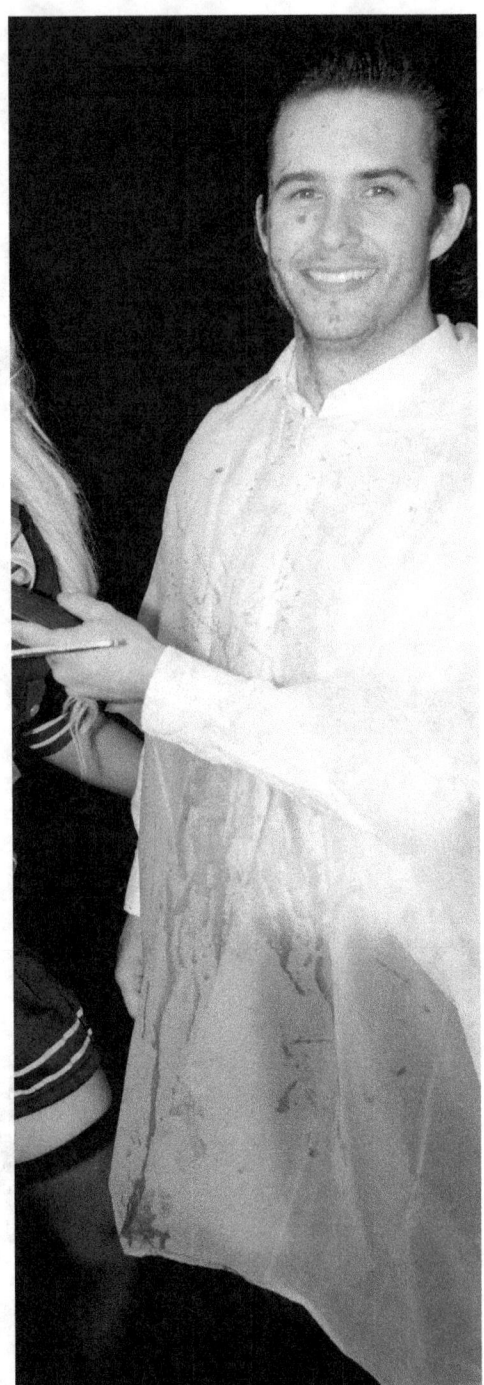

Page 21

Page 22

Page 23

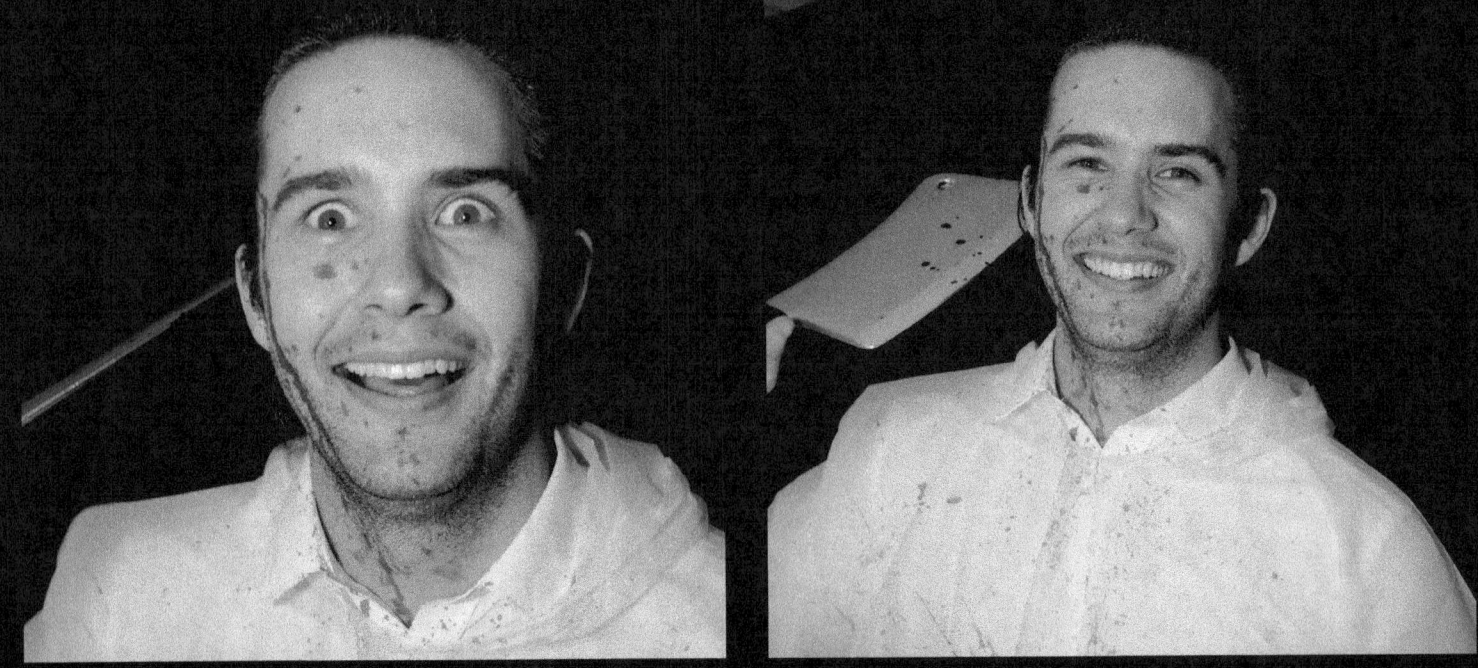

Page 24

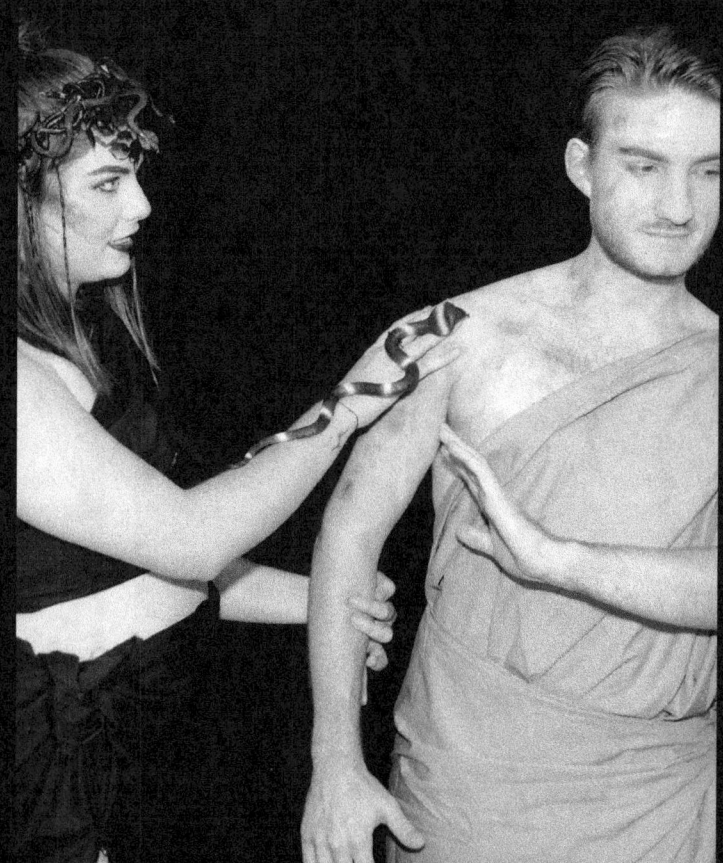

Page 25

Page 27

Page 28

Page 29

Page 30

Page 31

Page 32

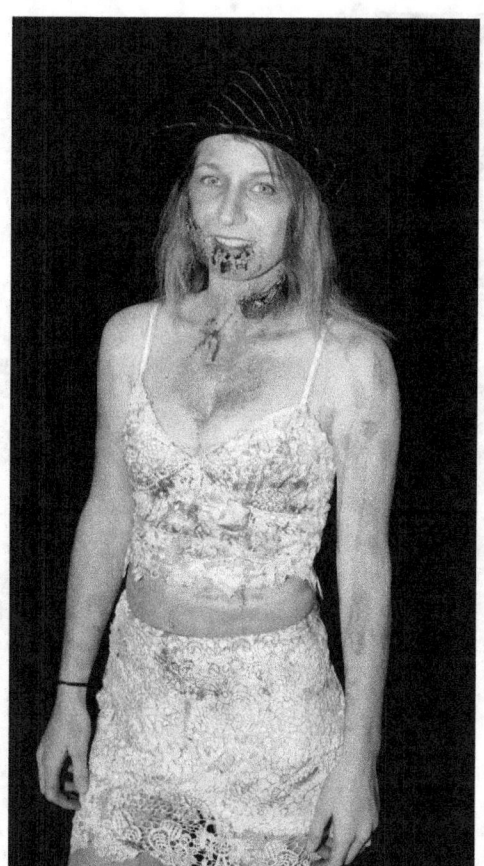

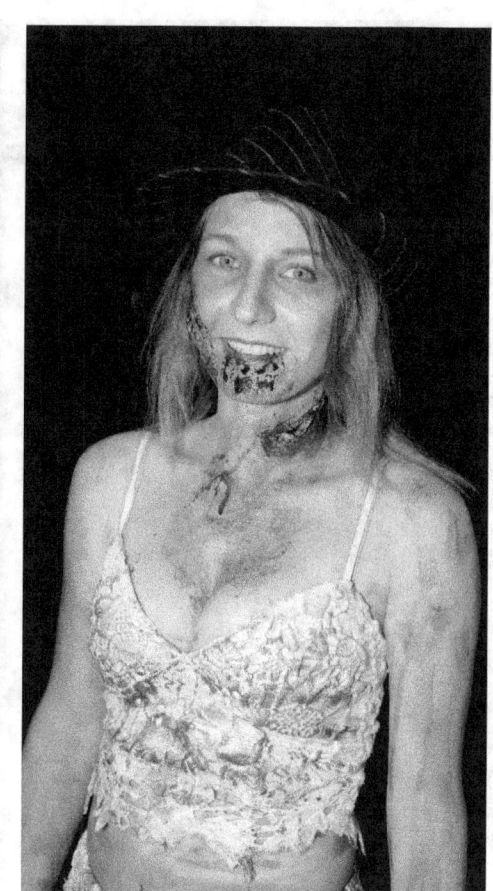

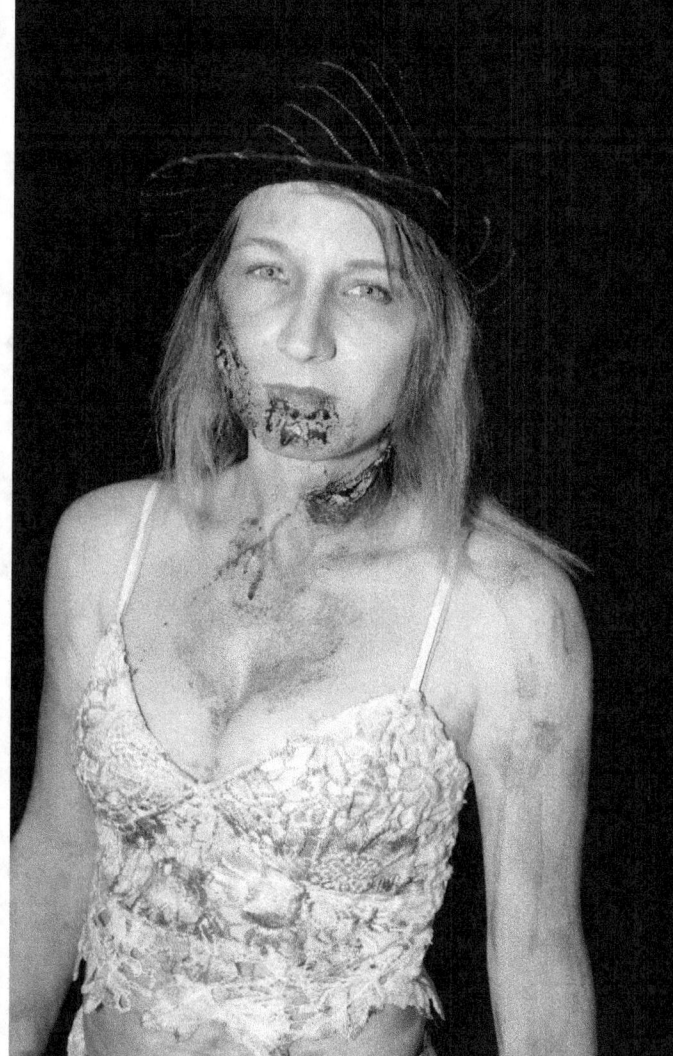

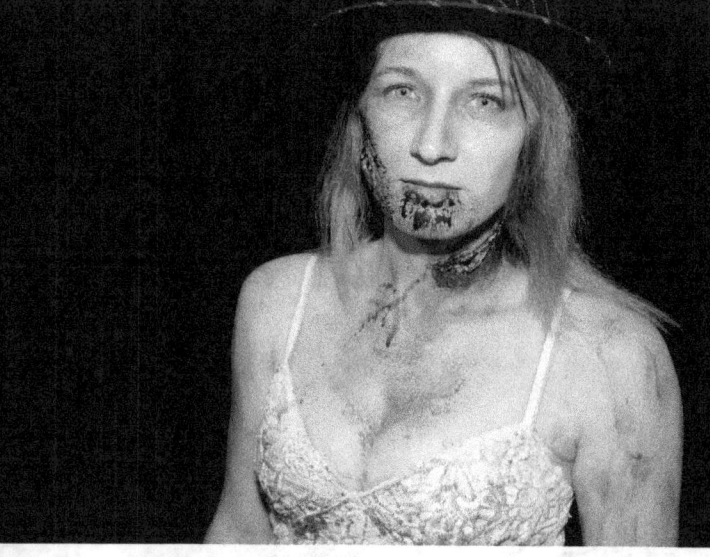

Page 37

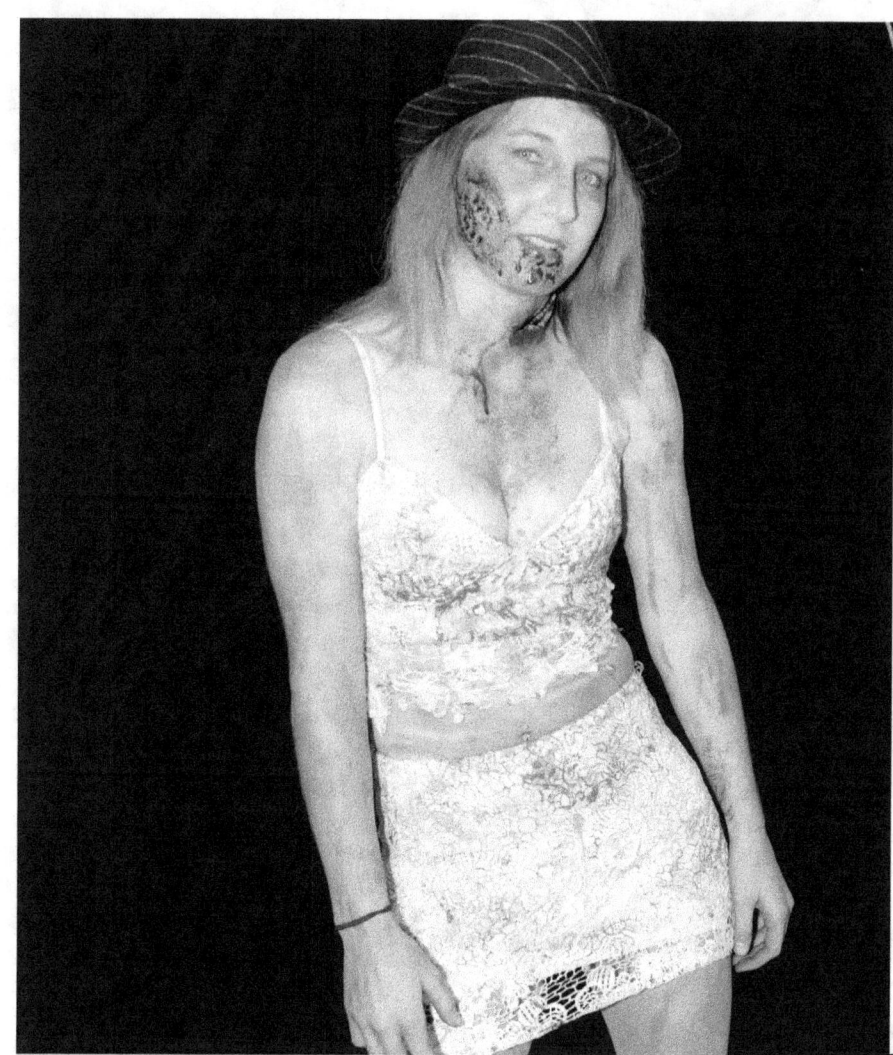

Page 40

Page 41

Page 42

Page 44

Page 45

Page 47

page 48

Page 49

Page 50

Page 52

Page 53

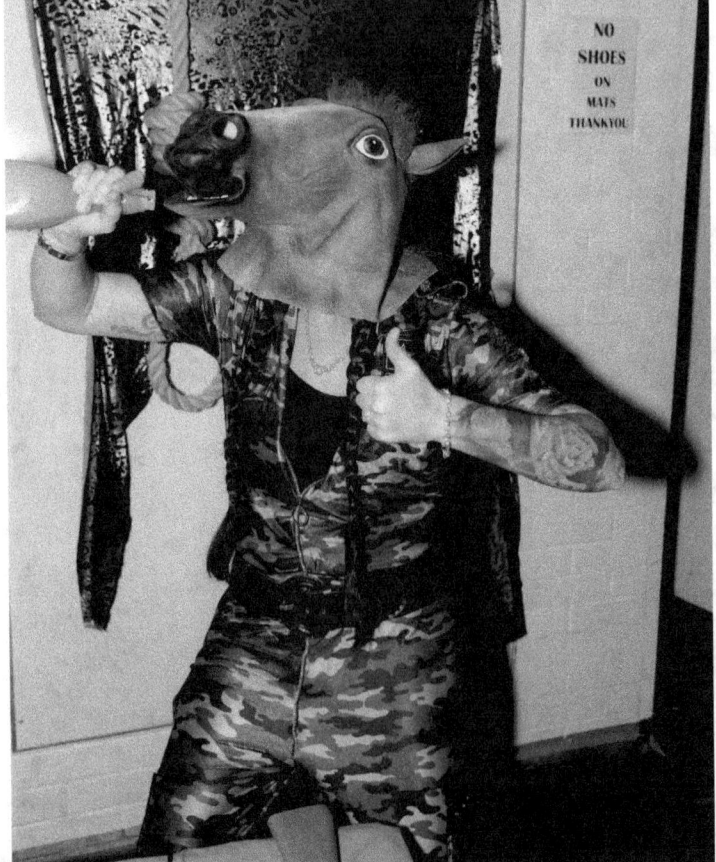

Page 54

Page 56

page 57

Page 58

Page 59

page 61

Page 64

Page 65

Page 67

Page 68

Page 69

Page 70

Page 72

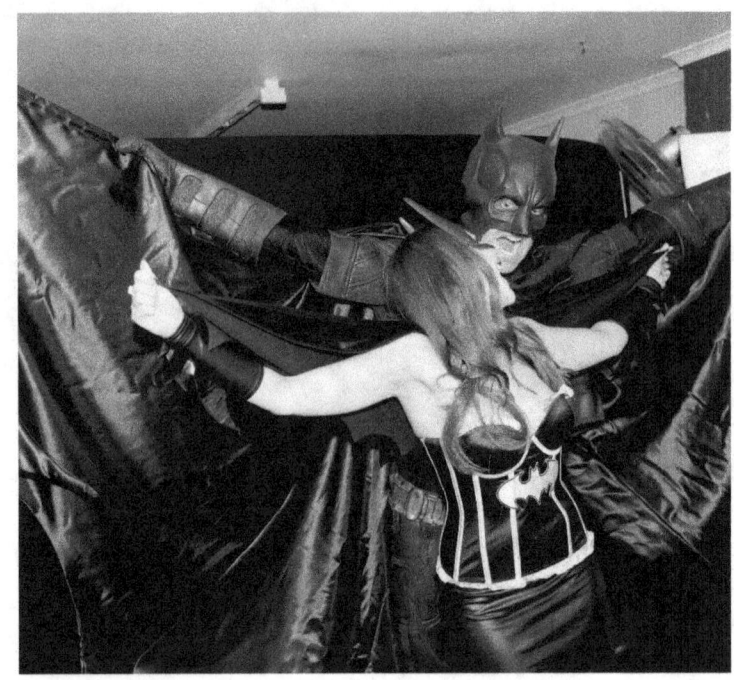

Page 74

page 75

Page 76

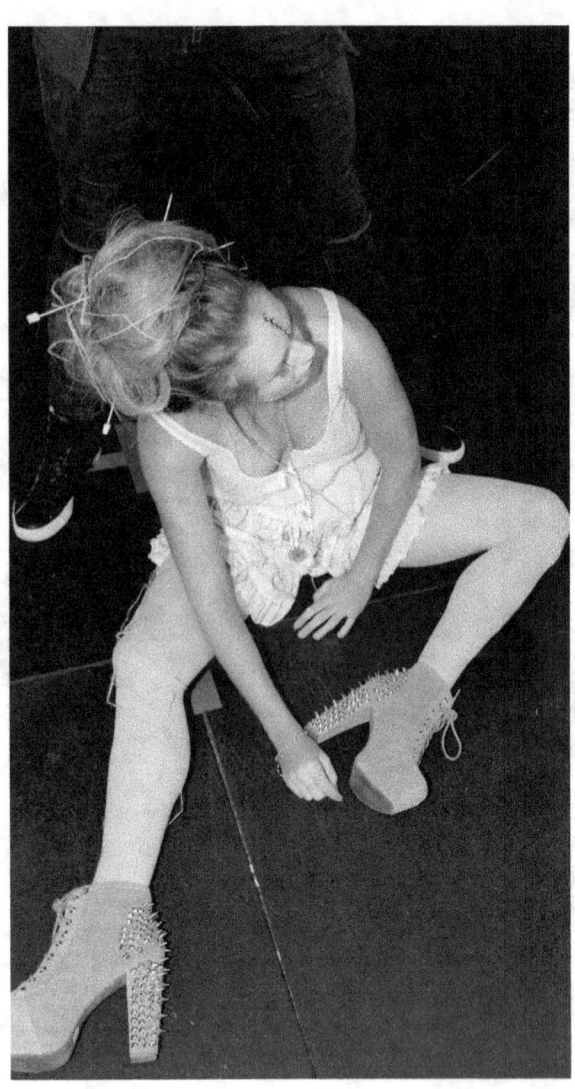

Page 77

Page 80

Page 83

Page 85

Page 88

Page 89